동물을 구해줘!

교육과실천

교과서와 연계하여 활용해 보세요!

교과서 연계 단원

국어 3-1	5. 인물에게 마음을 전해요	**국어 4-2**	5. 오가는 마음
도덕 3-2	7. 생명을 소중히 여기는 우리	**도덕 4-2**	7. 자연은 소중해요
과학 3-1	2. 동물의 생활	**과학 4-2**	4. 생물과 환경

배움약속(성취기준)

3-1 동물의 권리와 복지에 대해 이해하고, 동물과 사람들이 공존해야 함을 알 수 있다.

3-2 동물의 소중함을 알고 생활에서 동물 보호를 실천할 수 있다.

기후·생태를 살리는 생태전환교과서 ③
초등 중학년 (3~4학년)
동물을 구해줘!

초판 1쇄 발행 2026년 3월 13일

지은이 이윤미, 김순미, 박미영, 조현정, 하늘빛, 곽정숙, 노현주, 신혜영, 우치성, 임하람
그린이 박근형, 박미경   **감수** 이정현
발행인 최윤서   **편집** 정지현
디자인 최수정

펴낸 곳 (주)교육과실천   **인쇄** 031-945-6554 두성 P&L
등록 2020년 2월 3일 제2020-000024호   **일원화 구입처** 031-407-6368 (주)태양서적
주소 서울특별시 중구 창경궁로 18-1 동림비즈센터 505호   **저자 강의·도서 구입** 02-2264-7775
ISBN 979-11-995303-6-2(63370)

정가 9,500원

저자 강의 및 도서 구입 문의는 교육과실천 02-2264-7775로 연락 주십시오.

차   례

우리는 다양한 동물들과 함께 살아가고 있어요.
살아 숨쉬는 모든 생명은 소중하고, 동물들도 사람처럼
행복과 아픔을 느낄 수 있어요.
'구해줘!' 수업을 통해 함께 사는 동물의 소중함을
느껴보고, 동물들과 함께 살아가기 위해 우리가 어떤
실천을 해야 할지 생각해 볼까요?

주인공

다정
따뜻한 마음씨를 가진 어린이
동물을 매우 좋아함

동인
다정이 같은 반 친구
강아지를 키우고 있음

다정이 엄마
다정이를 아끼고
사랑하심

캉캉이
가족과 함께 살다가
헤어진 강아지

꼬꼬
마당으로 나가길
꿈꾸는 닭

토토
생명연구소에 사는
토끼

코코
아프리카가 고향인
코끼리

오랑이
헤어진 가족을
그리워하는 오랑우탄

동물을 구해줘!

단원열기 ---- 다정이의 꿈

1. 닭장에 갇힌 닭, 꼬꼬

꼬꼬의 집은 어디일까요?

달걀에 적힌 번호는 무엇일까요?

모두가 행복하려면, 어떤 달걀을 사는 것이 좋을까요?

2. 실험실 속 토끼, 토토

동물 실험은 무엇일까요?

3. 춤추는 코끼리, 코코

꼬꼬의 집은 어디일까요?

달걀에 적힌 번호는 무엇일까요?

5. 가족을 잃은 강아지, 캉캉이

평생동안 강아지로 살 수 있을까요?

애완동물? 반려동물?

장난감이 아닌 생명 만나기

새로운 가족을 만나요

4. 집을 잃은 오랑우탄, 오랑이

팜유란 무엇일까요?

내가 먹는 라면이 숲을 사라지게 해!

나는 오랑이의 친구일까요?

다정이의 꿈

1 닭장에 갇힌 닭, 꼬꼬

꼬꼬의 편지를 읽고 궁금한 내용을 적어보아요.

안녕!

나는 '○○농장'에 살고 있는 꼬꼬라고 해.

농장이라고 하니까 넓은 들판을 상상하지는 말아줘. 내가 사는 곳은 너무

좁아서 옴짝달싹 할 수 없어.

나는 매일매일 사람들이 주는 사료를 먹고 알을 낳고 있어.

먹고 알을 낳는 것이 내가 하는 일의 전부야.

우리 할머니는 예전에 넓은 마당에서 사셨었대. 나도 넓은 마당에서 살고

싶은데…. 네가 날 구해줄 수 있겠니?

편지를 읽고,
궁금한 점이 있나요?

내가 궁금한 점은...

미로 찾기를 하며 꼬꼬의 집이 어디일지 생각해보아요.

출발

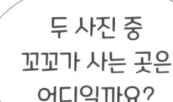

두 사진 중
꼬꼬가 사는 곳은
어디일까요?

😊 꼬꼬의 집은 어디일까요?

만화를 읽고 꼬꼬는 어디에 사는지 알아보아요.

농장2

얘들아, 아침이다! 꼬끼오.

오늘 밥이다. 맛있게 먹으렴! 건강한 암탉이 달걀을 낳았구나!

꼬꼬댁 꼬꼬~ 오늘은 저쪽으로 산책을 가볼까?

나는 이쪽으로 가 봐야겠다.

낮에 너무 무리해서 뛰었나? 아유, 졸려….

 꼬꼬가 자란 곳은 어느 농장일까요? (   )

 여러분은 어느 농장에서 살고 있는 닭이 더 행복하다고 생각하나요?
(   )번 농장

약 1만 년 전, 사람들은 동물을 집에서 '가축'으로 기르기 시작했어요. 사람들이 기르는 가축의 종류는 닭, 염소, 말, 돼지 등이었고 가축의 종류와 수는 점점 늘어나게 되었답니다.

시간이 지날수록 사람들은 어떻게 하면 더 쉽게 더 많은 가축을 기를 수 있을까 생각하기 시작했고, 그래서 등장한 사육방식이 바로 '공장식 축산' 입니다.

꼬꼬처럼 공장식 축산 방식으로 길러지는 닭은 병아리 때 부리가 잘립니다. 이를 '부리 자르기' 라고 부릅니다. 좁은 곳에 갇혀 살아야 하기 때문에 서로 물어뜯지 못하도록 하기 위해서지요. 또한 바닥은 철망으로 되어 있어서 발바닥을 편히 딛지 못한 채 평생 고통받으며 알만 낳고 있어요. 만약 알을 많이 낳지 못하면 '강제 털갈이'를 당해요.

밤낮으로 환하게 불을 켜 놓았던 사육장 안을 컴컴하게 하면서 닭을 10일 정도 굶겨요. 그러면 닭이 스트레스로 인해 털이 빠지게 되는데 이것을 강제 털갈이라고 말해요. 강제 털갈이를 왜 하냐구요? 힘겨운 강제 털갈이를 견디고 살아남은 닭은 다시 전처럼 알을 많이 낳게 되기 때문이에요.

공장식 축산 방식을 이용한 뒤로 사람들은 고기와 달걀을 싼 값으로 많이 사먹을 수 있게 되었어요. 하지만 값이 싼 것만 중요할까요? 공장식 축산 방식으로 가축이 받는 고통을 우리가 모른 척해도 되는 걸까요?

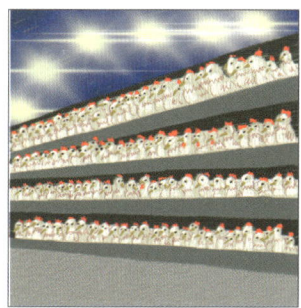
공장식 축산

부리 자르기

강제 털갈이

😊 달걀에 적힌 번호는 무엇일까요?

달걀에 적힌 비밀번호를 풀어보고 꼬꼬가 낳은 달걀을 찾아보아요.

읽을거리

• **달걀 껍데기에 담긴 중요한 정보를 알아보아요**

달걀 표시사항 확인법

0823	M3FDS	2
산란일자	생산자 고유번호	사육환경번호

판매되는 달걀에는 10~11자리의 번호가 찍힙니다. 소비자들은 이 번호를 보고 산란일자와 농장, 닭의 사육환경을 알 수 있습니다. 앞쪽에 찍힌 4자리 숫자는 **산란일자**입니다. 즉 닭이 알을 낳은 날짜입니다. 날짜를 보고 사야 신선한 달걀을 먹을 수 있겠지요?

그 다음 가운데 5~6자리는 **생산자의 고유번호**로 식품안전나라 홈페이지에서 가운데 다섯자리를 입력하면 해당 농장의 정보를 확인할 수 있답니다.

제일 중요한 부분은 가장 끝에 찍힌 한 자리 숫자입니다. 1부터 4까지 표기되는 맨 끝자리 숫자는 **닭의 사육환경**을 나타냅니다. 쉽게 말해 달걀을 생산한 닭이 어떤 환경에서 길러지는지 알 수 있는 것이죠.

사육 환경 번호				
	1. 방사	2. 축사 내 평사	3. 개선 닭장	4. 기존 닭장

참고: 식품안전나라 | 출처: 한국농정신문

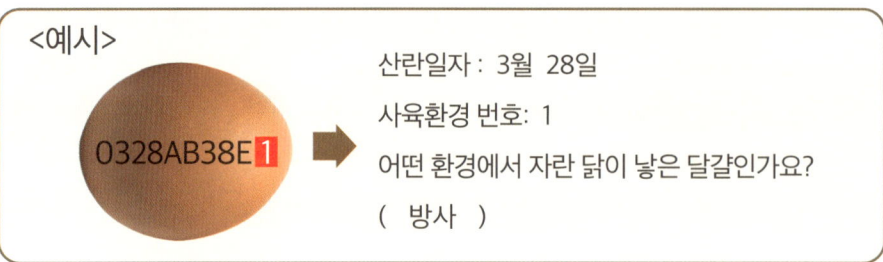

\<예시\>

산란일자 : 3월 28일

사육환경 번호: 1

어떤 환경에서 자란 닭이 낳은 달걀인가요?

(방사   )

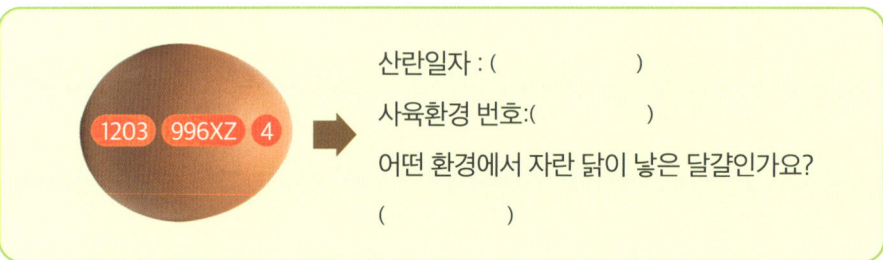

산란일자 : (   )

사육환경 번호:(   )

어떤 환경에서 자란 닭이 낳은 달걀인가요?

(   )

활동 : 우리집 냉장고 안의 달걀 살펴보기

우리집 냉장고 속에 있는 달걀을 살펴볼까?

🐔 마지막에 적힌 숫자를 찾아서 적어보세요. (   ) 번

🐔 어떤 사육환경에서 자란 닭이 낳은 달걀인가요?

(   )

😊 모두가 행복하려면 어떤 달걀을 사는 것이 좋을까요?

우리가 어떤 달걀을 사야 닭이 좋은 환경에서 살게 될지 생각해보아요.

달걀의 값은 사육환경에 따라 달라져요.
좋은 사육환경에서 자란 닭이 낳은 달걀일수록 값이 비싸답니다.

동물과 사람 모두
행복하려면
어떤 달걀을 사는 것이
좋을까?

닭장에 갇혀 사는
닭을 도와주려면
어떻게 해야 할까?

좋은 환경에서
낳은 달걀을 많이 사주면
더 많은 닭이 더 좋은 환경에서
살게 되지 않을까?

꼬꼬를 더 좋은 환경에서 살 수 있게 도와줄 수 있는 방법에는 무엇이 있을까요?

☑ **닭들이 행복하기 위해 가장 중요한 환경은 무엇일까요?**

1. 다양한 먹을거리가 있는 농장

2. 쾌적하고 안전한 우리

3. 가족들과 함께 지낼 수 있는 넓은 공간

4. 건강을 위한 운동시설

5. 목욕을 할 수 있는 넓은 모래장

실천약속을 적어보고, 가족과 함께 실천해보아요.

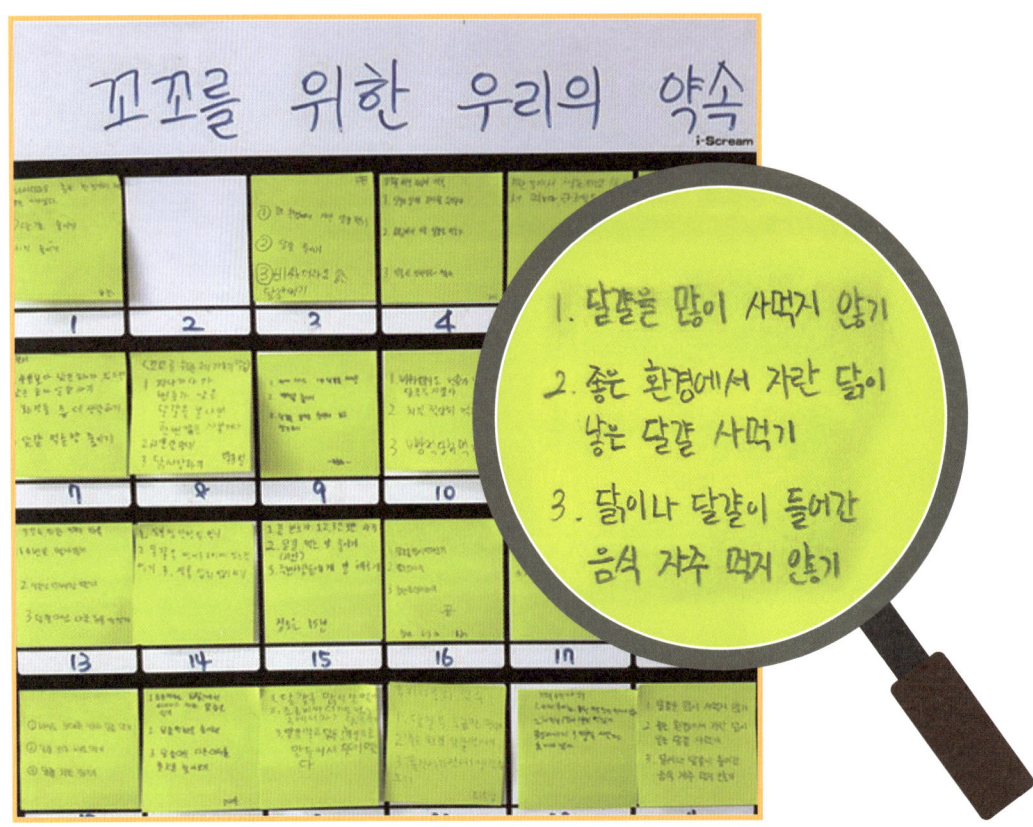

☑ **농장 동물 복지란?**

농장의 동물들이 쾌적한 환경에서 스트레스와 고통없이
건강하게 자라기 위한 동물 복지입니다.

동물 복지 축산 농장 인증제

우리나라는 가축의 복지를 위해 2012년 부터 '동물 복지 축산 농장'
인증제도를 만들어서 운영하고 있어요. 이 제도는 동물 복지 기준을
마련하고 그에 따라 가축을 기르는 농장을 나라에서 인증해주는 것입니다.

동물 복지 축산 농장에서는 닭을 바닥에 풀어놓고 기르며 부리
자르기와 강제 털갈이를 금지하고 있습니다.

하지만 '동물 복지 축산 농장' 인증을 받은 농장은 그리 많지가 않아요.
그러나 소비자인 우리가 인증을 받은 농장의 제품을 선택하면 할수록 동물
복지 축산 농장이 더욱 많아지겠죠?

식품을 살 때,
동물 복지 축산 농장인증마크를
확인하자! 꼬꼬댁~

동물복지
(ANIMAL WELFARE)
농림축산식품부

농림축산검역본부

🐤 행복한 꼬꼬의 모습을 떠올리며 색종이 접기를 해보아요.

준비물 : 작은 색종이

<접는방법>

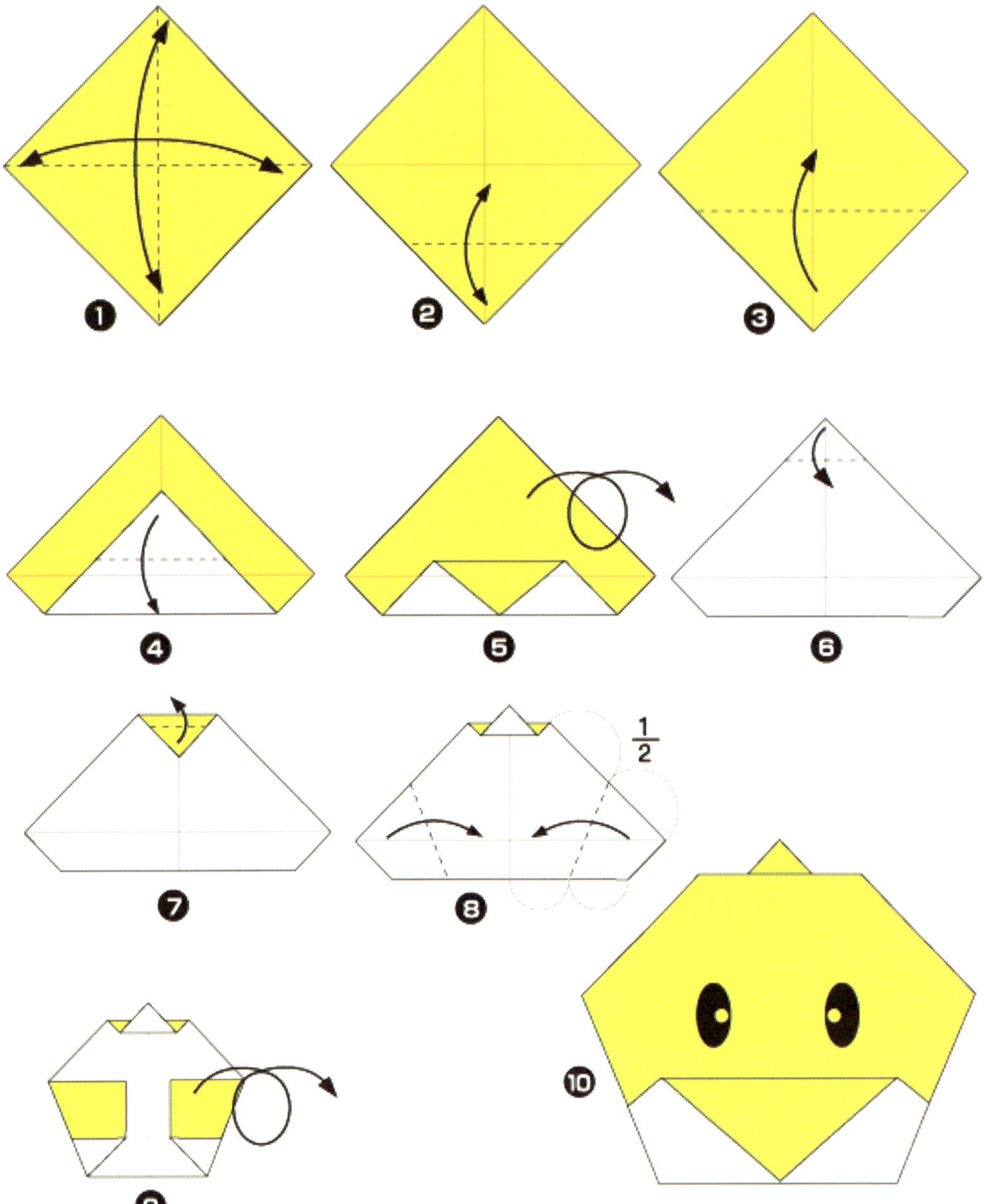

❶

❷

❸

❹

❺

❻

❼

❽ $\frac{1}{2}$

❾

❿

완성된 종이접기 작품을 붙이고 농장을 꾸며보아요.

[참고 작품]

2 실험실 속 토끼, 토토

토토의 편지를 읽고 궁금한 내용을 적어보아요.

안녕!

나는 생명연구소에 사는 토토야.

사람들은 병을 예방하고 치료하기 위해 다양한 약을 먹고 주사를 맞고 있어.

그런데 그거 알아? 그 약이 병원에서 사람들에게 사용되기 전에 우리에게 먼저 사용 되었다는 것 말이야. 그 뿐만이 아니야. 비누, 샴푸, 화장품, 약품 등이 사람들에게 안전한지 알아보기 위해 우리에게 실험하고 있어.

이걸 사람들은 '동물 실험'이라고 해. 우리는 실험실에 갇혀서 계속 실험을 당하며 살아가고 있단다. 네가 우리를 도와줄 수 있겠니?

편지를 읽고, 궁금한 점이 생겼나요?

내가 궁금한 점은...

아래 제품에 대해 이야기 나누어 보고 공통점을 찾아보아요.

마스카라
(화장품의 한 종류)

샴푸, 린스

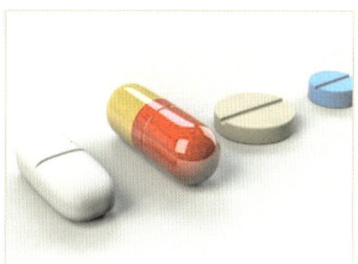

먹는 약

위 제품들의 공통점은,
'ㄷ ㅁ ㅅ ㅎ'을 하고 있는
제품이라는 것 이에요!

'ㄷ ㅁ ㅅ ㅎ'이란,
의학적인 목적으로 토끼, 원숭이, 개, 쥐,
고양이 등의 동물에게 하는 실험을 말해요.

정답: (   )

😊 동물 실험은 무엇일까요?

동물 실험이 꼭 필요한 것인지 생각해보아요.

화장품 실험

    토끼는 샴푸나 마스카라가 눈에 들어갔을 때 점막을 자극하는 정도를 알아보기 위해 고정틀에 묶인 채 목을 밖으로 내밀고 있습니다. 눈에 주기적으로 화학 물질을 주입하는 '드레이즈 테스트(Draize Test)'라는 실험인데 눈물이 없는 토끼는 눈이 타는 듯한 고통으로 몸부림치며 죽어갑니다.

의학 동물 실험

    동물 실험의 가장 큰 문제는 '동물권' 침해입니다. 심지어 동물이 기존에 갖고 있지 않았던 병을 만들기도 합니다. 뇌 손상이나 암을 유발하는 것이 그 예입니다. 실험에 사용된 동물들은 실험 과정에서 고통을 느끼며 죽게 됩니다.

동물 실험의 세 가지 약속을 알아보아요.

실험동물의 보호와 생명존엄성을 지키기 위해 세 가지 원칙을 지키도록 노력하고 있어요.

 동물 실험을 하지 않고 다른 방법으로 연구해요.

 실험에 이용하는 동물의 수를 줄여요.

 동물 실험을 할 때 동물들이 받는 고통을 줄여요.

동물 실험에 대한 자신의 생각을 말해보아요.

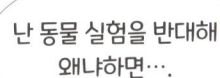

난 동물 실험을 반대해 왜냐하면….

동물 실험은 필요하다고 생각해. 왜냐하면….

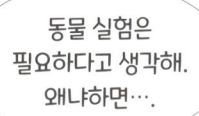

? 생각해 보아요

'배추흰나비 한살이 관찰하기'는 동물 실험에 해당될까요?

🐰 동물 실험의 문제점을 알리는 캠페인을 해 보아요.

> ✅ **준비물: 도화지, 색연필, 사인펜 등**
>
> 1. 도화지에 캠페인 문구와 어울리는 그림을 그려요.
> 2. 학교 곳곳에 완성한 포스터를 붙여요.
> 3. 캠페인 문구를 보며 함께 약속하고 지켜보아요.

<예시>

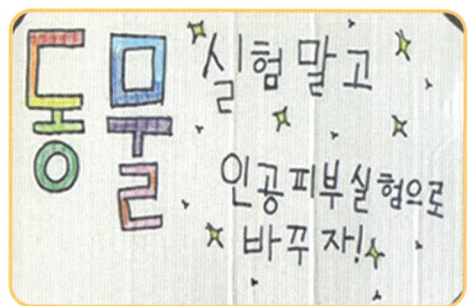

동물 실험을 하지 않는 회사의 화장품을 이용해 주세요!

• 우리나라에서 동물 실험으로 희생되는 동물은 얼마나 될까요?

동물 실험 실태 조사 결과

전년도 대비 11.5% 증가
5년전 대비 43.8% 증가

4,141,433

3,727,163

3,082,259

3,712,380

2,878,907

2016 2017 2018 2019 2020

출처 : 농림축산검역본부

동물 실험이 해마다 증가하고 있답니다!

동물 실험은 정말 꼭 필요할까요?

희생당하는 동물들이 불쌍하지만 안전을 위해서라면 어쩔 수 없는 일이라고 생각할 수도 있습니다. 그러나 동물 실험을 하지 않아도 화장품을 만들 수 있어요. 안전한 원료를 사용하거나 인공피부에 검사를 하면 됩니다.

4월 24일은 <세계 실험동물의 날>입니다

실험동물의 날은 전 세계 실험실에서 고통받는 동물들의 희생을 끝내고 첨단 과학기술로 동물 실험 대체 방법을 찾는 것을 목적으로 합니다.

춤추는 코끼리, 코코

코코의 편지를 읽고 궁금한 내용을 적어보아요.

안녕!

나는 초록동물원에 사는 코코야. 너는 동물원을 좋아하니? 내가 사는 동물원에는 매일 많은 사람들이 나를 보러 온단다.

하지만 나는 즐겁지 않아. 너무 힘이 들거든. 그래서 나는 매일매일 코를 흔들면서 구조 요청을 하고 있어.

하지만 사람들은 내가 춤을 추며 즐거워하고 있다고 생각해. 나 뿐만 아니라 내 친구들 모두 이 곳 동물원에서 갇혀 사는 것을 정말 힘들어 해. 내 소원은 넓은 초원에서 수많은 코끼리들과 함께 사는 거야. 그런 날이 올 수 있도록 네가 도와 주겠니?

편지를 읽고,
궁금한 점이 생겼나요?

내가 궁금한 점은...

코코가 살고 있는 동물원은 어떤 모습일까요?

코코가 살고 있는 곳의 모습을 그려보아요.

준비물: 색연필

😊 동물원의 동물들은 행복할까요?

동물원에 가서 보았던 동물들에 관해 이야기 해 보아요.

나는 가족과 함께 지난 주말에 동물원에 갔었는데….

난 동물원에서 원숭이를 보았는데….

동물 흉내내기 놀이를 해 보아요.

✅ **동물 흉내내기 놀이**

1. 한 명이 동물의 모습을 흉내내요.
   • 어려움을 겪고있는 동물을 흉내내요.
2. 다른 친구들은 어떤 동물인지 맞혀요.
3. 표현한 친구의 이야기도 들어봅시다.(동물의 마음 읽기)
4. 놀이를 한 후 느낀 점을 이야기해요.

코코가 계속 코를 흔드는 이유를 알아보아요.

사람들은 동물원에 놀러가는 것을 좋아해요. 다양한 동물들을 만나고 주변 사람들과 함께 구경하는 것을 즐거워해요. 하지만 동물들도 사람들처럼 즐거울까요?

> 동물원이 좁고 쉴 수 없어서 너무 힘들어! 그래서 나는 코를 계속 흔들게 되었어.

이렇게 스트레스를 받은 동물들은 고개를 흔들거나 주변을 돌아다니거나 자신의 몸을 물거나 할퀴는 이상한 행동을 해요.

이런 현상을 '이상행동' 또는 '정형행동'이라 불러요.

두 사진 중 코끼리가 행복하게 살 수 있는 곳은 어디일까요?

읽을거리

동물 행동 풍부화 프로그램

　힘들어하는 동물들의 이야기가 세상에 알려지면서 동물들이 살고있는 환경을 바꾸거나 동물원을 없애야 한다는 주장을 하는 사람들이 많아지고 있어요. 그래서 많은 동물원이 변하고 있지요.

　동물원에서 '동물 행동 풍부화 프로그램'을 운영하기 시작했어요. 동물 행동 풍부화 프로그램은 동물들이 야생에서 살 때처럼 야성을 살려 움직일 수 있도록 도와주는 프로그램이에요. 예를 들어 동물들이 올라 탈 수 있는 물건을 설치하고 목욕을 할 수 있는 흙탕물을 만드는 등 동물들이 야생에서 하는 행동을 할 수 있도록 다양한 장치를 만들어 주고 있어요. 하지만 프로그램으로는 한계가 있어서 동물들이 자연 속에서 자유롭게 살게 해줘야 한다는 목소리가 높아지고 있어요.

　코로나19바이러스가 확대되면서 동물원 유지의 어려움으로 인해 문을 닫는 동물원도 점차 늘어 나면서 자연으로 돌아가는 동물에 대한 관심이 증가하고 있어요. 동물원은 꼭 필요할까요?

 25년간 관광객 태우다가 구조된 코끼리 모습

https://url.kr/c86yjz

출처: KBS News

태어나보니 감옥, 동물원에서 태어난 아기 코끼리

https://url.kr/bjsni1

출처: 케어tv

이런 동물원도 있어요

1. AR동물원 (ARZOO)

경기도 양주에서는 옥정중앙공원에 'ARZOO'를 만들었어요. 이 동물원에 입장하려면 앱을 설치하고 공원에 들어가서 실행해요.

2. 디지털 수족관

디지털 수족관에서는 가상현실과 입체영상 등의 기술을 활용하여 바닷 속 동물들을 만날수 있어요.

3. 가상 동물원

가상 동물원에서는 홀로그램 시스템과 사운드 시스템을 통해 관람객들이 실제 동물원에 온 것처럼 즐길 수 가 있어요. 사자와 코끼리와 함께 뛰어놀 수 있지요.

😃 내가 꿈꾸는 동물원

동물도 인간도 모두 행복한 동물원을 꾸며보아요.

다양한 동물들의 모습을 인쇄하여 붙여도 좋아요.

예시

(　　　　　) 동물원

4 집을 잃은 오랑우탄, 오랑이

오랑이가 보낸 편지를 읽어보아요.

> **안녕! 내 이름은 오랑이야!**
> 말레이시아 보르네오섬에 살고있는 오랑우탄이지. 내가 사는
> 곳은 숲이 우거진 곳이었어. 얼마 전까지는 말이야.
> 그런데 어떤 사람들이 우리가 사는 숲을 없애려고 불을 지르고
> 있어. 최근에는 큰 포크레인으로 숲을 마구 파헤치기도 했어.
> 그래서 우리 가족은 살 곳을 잃었고 모두 헤어지게 되었단다.
> 심지어 죽은 친구들도 있어.
> 얼마 전, 나는 사람들에게 들키지 않기 위해 나무에 숨어있다가
> 그들이 얘기하는 것을 들었는데 그들은 팜유가 필요하다고
> 말했어. 너희들은 팜유가 무엇인지 알고 있니?

도대체 사람들은 우리의 집인
숲을 왜 파헤치는 걸까?
사람들에게 우리가 살 곳을 잃고 있다고,
그만 좀 멈춰 달라고 말해줄 수 있겠니?
너희들이 꼭 도와주면 좋겠어.

색칠을 한 후 집을 잃은 오랑이가 되어 사람들에게 하고 싶은 말을 말주머니에 적어보아요.

😊 팜유란 무엇일까요?

　생김새가 인간과 비슷하고 감정을 나누는 능력이 뛰어난 오랑우탄은 아시아의 열대 우림 숲에 살아요. 오랑우탄은 현지에서 쓰는 말로 '숲의 사람'이라는 뜻이에요. 숲에 의지해서 살아야 하는 동물이지요.

보르네오 섬의 오랑우탄

　그런데 사람들이 1960년대부터 인도네시아와 말레이시아의 숲을 파괴하기 시작했어요. 숲이 파괴되자 수많은 오랑우탄들은 살 곳을 잃어 죽게 되었어요.

　사람들이 숲을 파괴하는 이유가 궁금하죠? 그 이유는 바로 '팜유' 라는 기름 때문이에요. 팜유를 얻기 위해서 오랑우탄의 서식지인 숲을 태워 기름야자 농장을 만들었지요. 전 세계에서 가장 많이 사용되는 식용유 '팜유' 때문에 오랑우탄이 멸종위기에 놓인 거예요.

팜유 열매

팜유는 기름야자 열매에서 추출한 식물성 기름으로 빵, 라면, 과자, 마가린 등의 식품과 비누, 세제 등 생활용품의 원료로 사용돼요. 마트에 진열된 상품의 절반에 해당되는 물건에 팜유가 들어있을 정도예요.

오랑우탄은 100년 전만 해도 23만 마리가 살고 있었지만 100년 만에 '심각한 멸종 위기종'으로 지정되었어요. 유엔 환경 계획은 아무런 대책을 세우지 않으면 2032년에 오랑우탄이 멸종될 수도 있다고 경고했어요. 현재는 보르네오 섬과 수마트라 섬에만 서식하고 있으며
보르네오 오랑우탄의 경우 5만5천마리, 수마트라 오랑우탄은 7천 5백 마리만 남아있다고 해요.

출처 : 뉴스펭귄

글을 읽고 알게 된 내용을 아래 낱말에서 찾아 적어보아요.

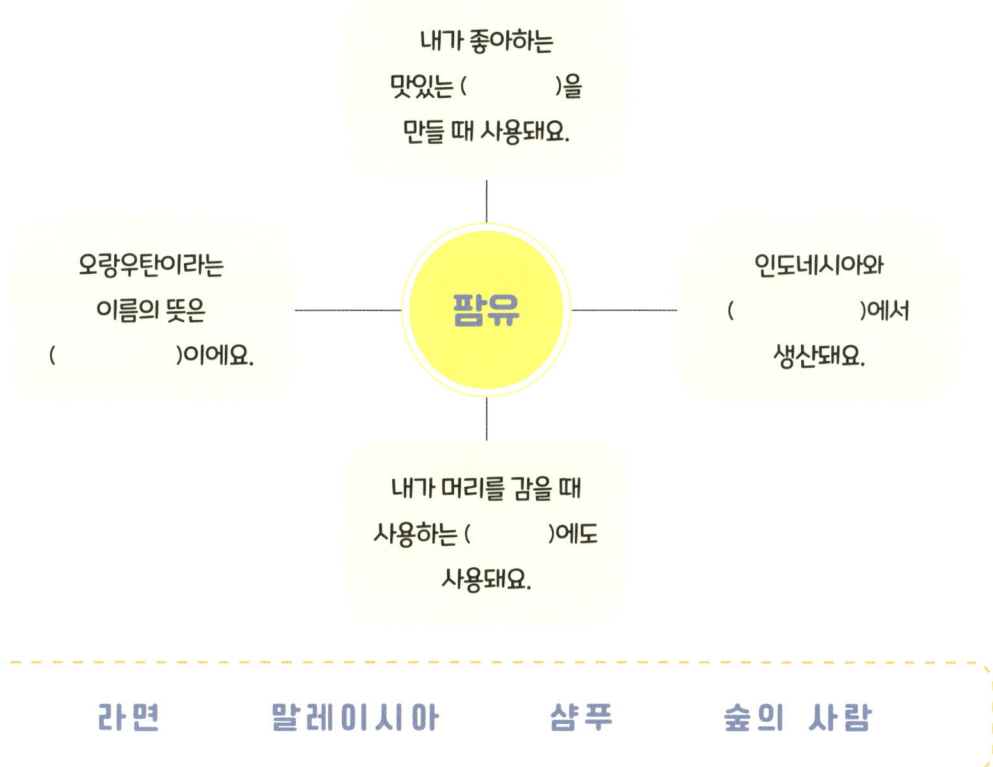

내가 좋아하는
맛있는 (   )을
만들 때 사용돼요.

오랑우탄이라는
이름의 뜻은
(   )이에요.

팜유

인도네시아와
(   )에서
생산돼요.

내가 머리를 감을 때
사용하는 (   )에도
사용돼요.

라면   말레이시아   샴푸   숲의 사람

😊 내가 먹는 라면이 숲을 사라지게 해!

식품의 뒷면에 적힌 성분표를 살펴보고 팜유가 들어있다면 식품 이름과 팜유의
생산지를 적어 보아요.

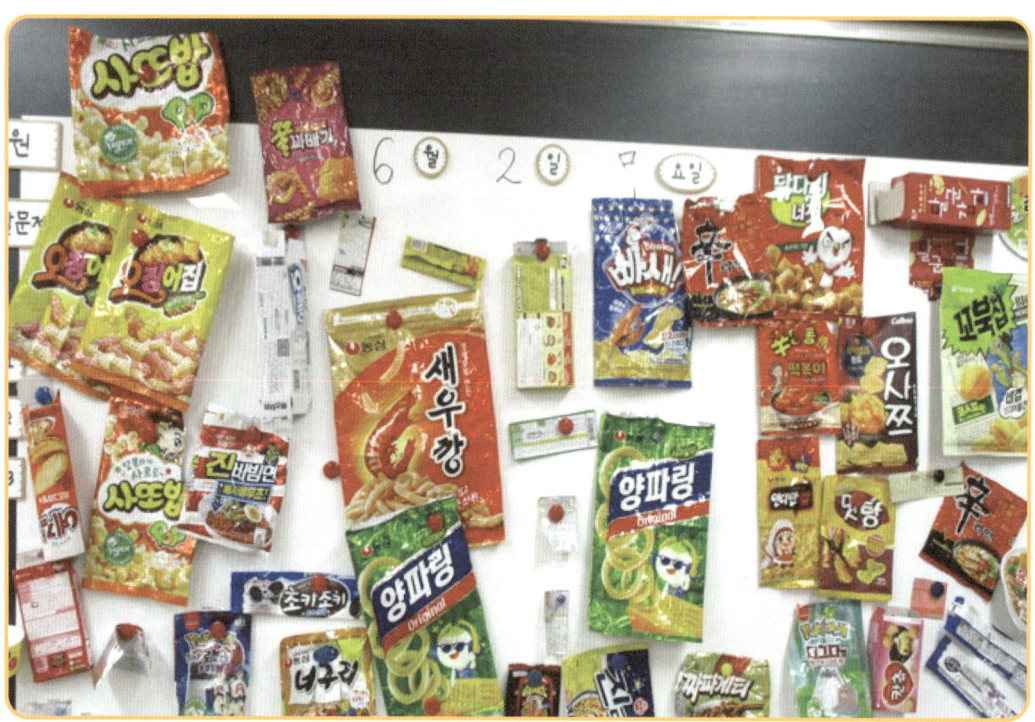

식품의 이름	팜유의 생산지
예시) ○○라면	팜유(말레이시아산)

읽을거리

팜유 말고 다른 기름을 사용하면 안돼요?

➡️ 팜유가 들어가지 않은 제품을 '**팜유 프리**' 제품이라고 해요.

팜유 말고 다른 기름을 사용하려고 노력하는 사람들이 있어요.

국제 팜유 프로그램(POFCAP)

2017년 세계 최초로 호주에서 시작된 팜유를 사용하지 않은 제품에 주는 인증마크예요.

오랑우탄 얼라이언스(Orangutan Alliance)

호주의 자선단체로 이 마크의 제품을 구입하면 열대우림과 오랑우탄 살리기 보존 프로젝트를 지원할 수 있어요.

아이슬란드(Iceland)

호주의 자선단체로 이 마크의 제품을 구입하면 열대우림과 오랑우탄 살리기 보존 프로젝트를 지원할 수 있어요.

😃 나는 오랑이의 친구일까요?

나는 오랑이의 친구인지 알아보아요.

<해당되는 항목에 V표시를 하세요>

1. 나는 일주일에 라면을 1번 이상 먹는다.	
2. 나는 매일 과자를 먹는다.	
3. 나는 샴푸와 비누를 듬뿍 사용하며 씻는다.	
4. 우리 가족은 물건을 살 때 제품 뒤에 있는 성분표를 보지 않는다.	
5. 내가 한 달 동안 라면을 먹지 않는 것은 너무 힘든 일이다.	
6. 팜유가 무엇인지 주변에 알리는 것은 나에게 어려운 일이다.	
내가 해당되는 항목의 V의 개수는 ( )입니다.	

V의 갯수가 0 ~ 2개이면, 당신은 오랑이의 친구이며 '숲의 수호자' 입니다.

V의 개수가 3 ~ 5개이면, 당신은 '숲의 방관자' 입니다.

V의 개수가 6개 이상이면, 당신은 '숲의 파괴자' 입니다.

오랑이의 친구가 되기 위해 이렇게 약속하고 실천해보아요.

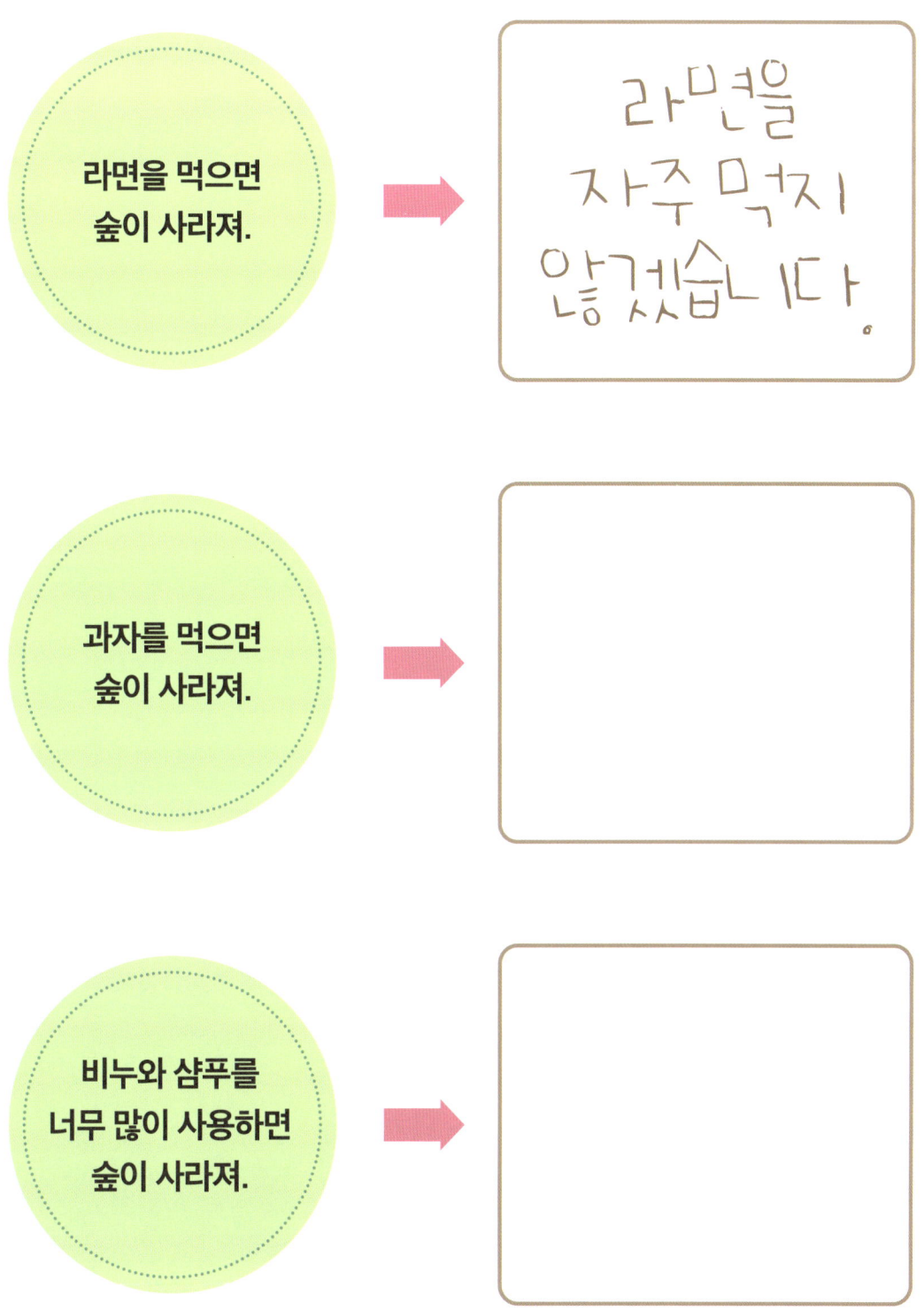

라면을 먹으면
숲이 사라져.

→ 라면을 자주 먹지 않겠습니다.

과자를 먹으면
숲이 사라져.

→

비누와 샴푸를
너무 많이 사용하면
숲이 사라져.

→

활동 1 : 캠페인하기

 재활용 박스를 이용하여 숲 파괴를 알리는 캠페인을 해보아요.

부록 63쪽 활용

☑️ **준비물: 박스**(재활용)**, 오랑우탄 가면, 색연필, 사인펜**

1. 오랑우탄 가면을 완성해요.

2. 캠페인 문구를 적어봐요.

3. 가면을 쓰고 지구 살리기 캠페인을 진행해요.

   * 동물실험 반대 포스터도 같이 들고 움직여요!

─── <예시> ───

활동 2 : 나무야, 고마워!

🙆 나무로 숲을 가득 채워보아요.

✅ **준비물 : 가위, 풀, 색종이, 사인펜, 색연필**

1. 색종이로 나뭇잎을 오린 후 나무에 붙여요.

2. 숲이 될 수 있도록 여러 그루의 나무를 완성해요.

3. 살아난 숲에서 누가 살고 있는지 이야기를
   나눠봐요.

참고 작품

가족을 잃은 강아지, 캉캉이

캉캉이가 보낸 편지를 읽어보아요.

안녕!

나는 생명보호소에 사는 캉캉이야. 나는 얼마 전까지는 사랑하는 가족들과 함께 살았지만 지금은 이곳에서 외롭고 슬프게 지내고 있어. 내가 더이상 귀엽지 않다는 이유로 길에 버려졌거든. 그 뒤 도시를 헤매다가 이곳에 오게 되었단다.

여기에서라도 행복하게 살고 싶은데 새로운 가족을 만나지 못하면 나는 세상을 떠나야 한대. 너무 무서워. 나를 구해줘!

편지를 읽고, 궁금한 점이 생겼나요?

내가 궁금한 점은...

강아지 종이접기를 하고 꾸며보아요.

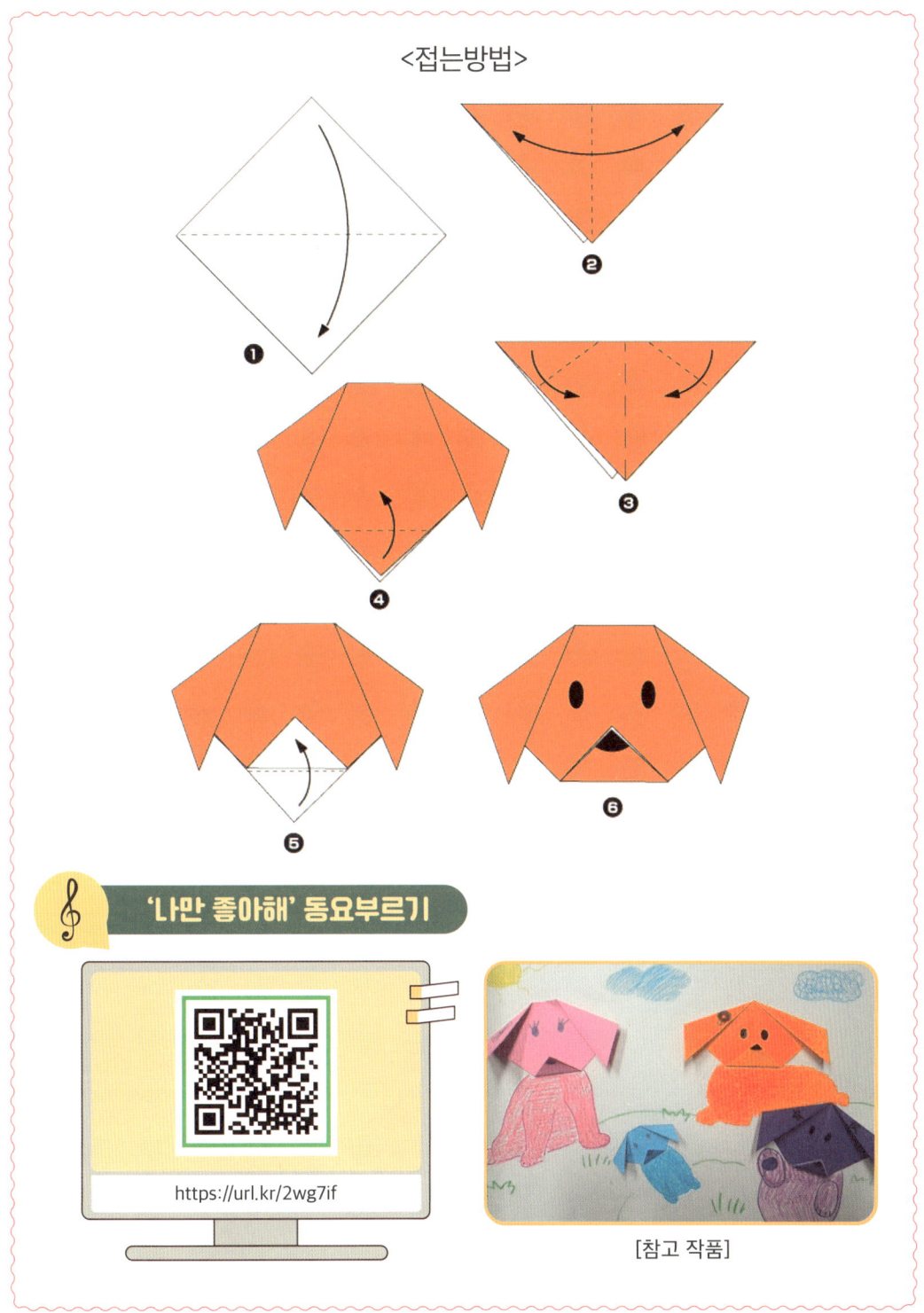

<접는방법>

'나만 좋아해' 동요부르기

https://url.kr/2wg7if

[참고 작품]

😊 평생동안 강아지로 살 수 있을까요?

성장한 모습을 연결해 보아요.

성장이 왜 필요한지 이야기 나누어 보아요.

😊 애완동물? 반려동물?

애완동물과 반려동물의 뜻을 알아보아요.

애완(愛玩)	반려(伴侶)
애완의 '완'은 장난감을 뜻하는 완구의 '완'과 같은 뜻의 한자를 사용해요.	반려는 '짝이 되는 것'이라는 의미를 담고 있어요.

우리와 함께 살아갈 동물은 장난감처럼 변하지 않는 물건이 아니라 살아있는 생명체입니다. 그래서 애완동물이 아닌 **'반려동물'**로 부르고 있어요.

내가 함께하고 싶은 반려동물이 있나요?

함께하고 싶은 반려동물에 대하여 이야기를 나누어보아요.

나는 고양이를 기르고 싶어. 왜냐하면…

😊 장난감이 아닌 생명 만나기

질문을 해결하며 '유기견'에 대해 알아보아요.

1. 주인없이 떠돌아다니는 개를 본 적이 있나요? ✅

2. 떠돌이 개들은 어디서 왔을까요? ✅

3. 떠돌이 개들은 무엇을 먹고 살까요? ✅

4. 개들이 떠돌아 다니는 것은 누구의 잘못일까요? ✅

그럼 캉캉이는
유기견이에요?

맞아!
캉캉이와 같은 강아지를
'유기견'이라고 한단다.

읽을거리

유기견 보호소

　사람들과 함께 살던 개들은 여러가지 이유로 버려지고 있어요. 갑자기 버려진 개들은 혼자서 살아가기 어려워요. 지금까지는 사람이 먹이를 주고 따뜻한 집에서 보호했지만 더이상 그런 보금자리가 없기 때문에 길을 떠돌다가 많은 수의 유기견이 죽음을 맞이해요. 이렇게 떠돌던 개들이 사람들에게 구조가 되면 '동물 보호소'로 데려가요. '동물 보호소'란 떠돌아 다니는 동물을 보호하는 시설인데 주로 개들을 보호하는 시설을 '유기견 보호소'라고 해요.

　유기견 보호소에서 살아갈 수 있는 기간은 짧게는 7일에서 길게는 한두 달 이에요. 이 기간동안 새로운 가족을 만나지 못한다면 '안락사'를 당하게 돼요. 안락사를 당한 개들은 더이상 행복한 삶을 살지 못하고 하늘로 안타깝게 떠나게 돼요.

동물 보호소 확인하기

동물 보호 관리 시스템에서 각 지역의 시 보호소 확인하기

출처 : 농림축산검역본부

🙂 새로운 가족을 만나요

반려동물을 만나기 전에 준비할 내용을 알아보아요.

함께 살고싶은 반려동물은?	

반려동물에게 멋진 이름을 지어주세요.

반려동물이 좋아하는 먹이는 무엇일까요?

반려동물을 위한 준비물은
무엇이 필요할까요?

반려동물과 어떤 일들을
함께 하고 싶나요?

반려동물과 함께 하기 위해
필요한 마음가짐은
무엇일까요?

유기 반려동물을 우리집으로 초대하는 카드를 만들어 보아요.

☑ **준비물: 가위. 색연필, 사인펜 등**

1. 오른쪽 선을 따라 가위로 오립니다.

2. 점선을 따라 접습니다.

3. 초대글을 적고 꾸며 봅시다.

<예시>

🐾 초대 카드에는 나의 마음가짐, 반려동물과 지킬 약속 등을 적어요.

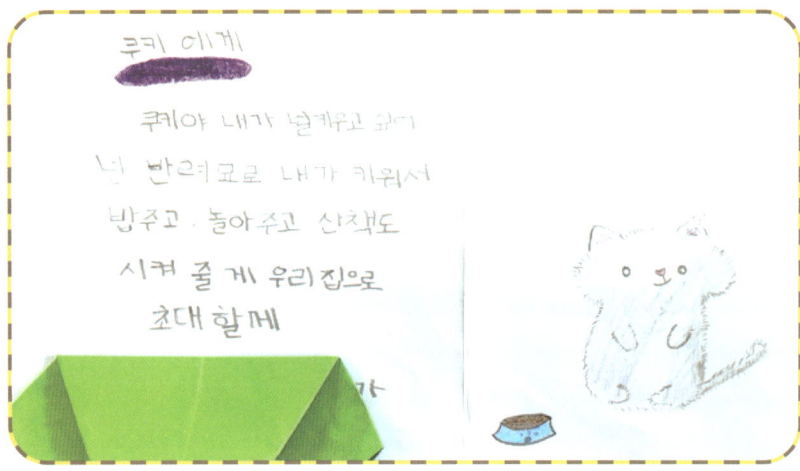

 활동 : 초대 카드 만들기

보내는 이 :

받는 이 :

동물 등록제

우리나라에서는 버려지는 동물을 줄이고 실종된 동물을 쉽게 찾아 주기 위해 다양한 노력들을 하고 있어요. 2014년 1월 1일부터 2개월 이상 기르는 개를 등록하여 관리하도록 하는 '동물 등록제'를 시행하고 있지요.

가까운 시, 군, 구청에서 기르는 사람의 정보와 개에 대한 정보를 등록하고 고유한 번호를 담은 마이크로 칩을 개의 몸속 또는 목줄에 새겨요.

하지만 아직 개에게만 적용되고 있어 다른 동물들을 보호하기에 부족하다는 한계가 있어요. 그래서 다양한 반려동물을 보호하기 위해 또 다른 노력들이 필요해요.

동물보호관리시스템

https://www.animal.g

출처 : 농림축산검역본부

동물보호관리시스템에 들어가서 등록된 동물을 확인하고, 등록하는 방법에 대해 알아 보아요!

세계 동물 권리 선언

　세계 동물 권리 선언은 동물의 권리에 관한 세계 최초의 선언으로 1978년 10월 15일 프랑스 파리에서 시작되었어요. 이후 1989년 국제 동물 권리 연맹에서 내용이 수정되었어요.

　모든 생명은 하나다. 모든 생명은 공통의 기원을 가지고 있으며 종의 진화 과정에서 다양하게 나뉘었다. 모든 생명체는 태어나면서부터 권리를 가지며, 신경계를 가진 동물은 모두 특별한 권리를 가지고 있다. 생명체가 가진 권리에 대한 경멸 혹은 무지는 심각한 자연 파괴와 동물에 대한 범죄를 저지르게 하나 인간이 다른 동물의 권리를 인정한다면, 우리는 다양한 생명체와 공존할 수 있다. 인간이 동물을 존중하는 것은 인간이 다른 인간을 존중하는 것과 다르지 않다. 따라서 다음과 같이 선언한다.

제1조
　모든 동물은 종류를 가리지 않고 평등합니다.

제2조
　모든 동물의 삶을 존중해야 합니다.

제3조
　1. 동물을 학대하면 안됩니다.
　2. 어쩔 수 없이 동물을 죽여야 하는 경우라면, 불안과 고통을 주지 말아야 합니다.
　3. 죽은 동물도 존중해줘야 합니다.

제4조
　1. 모든 야생 동물은 자연환경에서 자유롭게 살고, 자손을 남길 수 있어야 합니다.

2. 야생 동물의 자유를 빼앗는 것, 취미로 하는 사냥과 낚시 등 생존에 필요하지 않은
목적으로 야생 동물을 이용하는 것은 동물의 기본 권리를 빼앗는 것 입니다.

제5조

1. 인간에게 의존하는 동물은 생명을 유지하고 보호받아야 합니다.
2. 동물은 어떠한 경우에도 인간에게서 버려지거나 부당하게 죽이면 안됩니다.
3. 동물을 이용하고 번식시킬 때에는 동물의 특성을 존중해야 합니다.
4. 전시, 공연, 영화 등에 동물을 이용할 경우, 동물의 존엄성을 존중해야 하며 동물에
대한 어떤 폭력도 쓰면 안됩니다.

제6조

1. 육체적 또는 정신적 고통을 주는 동물 실험은 동물의 권리를 빼앗는 행위입니다.
2. 인간은 동물 실험을 대신할 방법을 찾고 그 방법을 실천해야 합니다.

제7조

동물을 죽게 만들 수 있는 불필요한 행위, 그리고 그러한 행위를 하게 만드는 결정도 모두
생명체에 대한 범죄입니다.

제8조

1. 야생종의 생존을 위태롭게 하는 행위와 그런 행위를 하게 만드는 결정은 대량 학살과
마찬가지이며, 생물종에 대한 범죄 행위입니다.
2. 야생 동물 학살, 그리고 생태계를 오염시키고 파괴하는 행위는 하면 안됩니다.

제9조

1. 동물의 구체적인 법적 지위와 권리를 법으로 인정해야 합니다.
2. 동물 보호와 그들의 안전은 반드시 국가가 법으로 만들어 보장해야 합니다.

제10조

교육부 및 학교는 사람들이 어린시절부터 동물을 관찰하고, 이해하고, 존중하는 법을
배울 수 있도록 해야 합니다.

😊 동물에 대해 더 알아보고 싶나요?

참고 도서

라면을 먹으면 숲이 사라져 (최원형 글)	우리의 사소한 행동 하나하나가 지구와 동식물에게 미치는 영향에 대해 알아보는 책
어린이를 위한 동물 복지 이야기 (한화주 글, 박선하 그림)	인간 중심의 세상에서 동물들이 감당해야 하는 고통에 대해 알아보는 책
동물도 행복할 권리가 있을까? (올라 볼다인스카-프워친스카 글)	어린이가 알아야 할 동물의 권리에 대해 이야기를 하는 책
결코 가볍지 않은 동물 환경 보고서 (홍예지 글, 정일문 그림)	동물의 실태와 현실 그리고 멸종에 대한 이야기를 쉽게 풀어 쓴 책
어니스트의 멋진 하루 (앤서니 브라운 글)	동물과 사람의 공존과 교감, 도움에 대한 이야기를 담은 책
서로를 보다 : 동물들이 나누는 이야기 (윤여림 글, 이유정 그림)	자기다운 삶에 대해 동물의 눈으로 쓴 책
다섯 번 종이접기 : 농장동물 (만들기 아저씨 글)	다양한 동물 종이접기를 쉽게 설명하고 있는 책
모두모두 소중한 생명! 멈춰요 동물실험 (이여니 글, 김석 그림)	동물실험과 관련된 이야기를 담은 책
동물원에 동물이 없다면 (노정래 글)	인간과 동물의 평화로운 공존을 꿈꾸는 책
동물도 권리가 있어요 (동물권 행동 카라, 권유정 글, 김소희 그림)	동물의 권리와 평화로운 공존을 이야기한 책
동물권 (이정화 글, 이동연 그림)	세계사 속 인간과 동물의 이야기를 다룬 책
선생님, 동물 권리가 뭐예요? (이유미 글, 김규정 그림)	동물 문제와 권리에 대해 풀어 쓴 책
여기, 지금, 함께 (이소영 글)	동물의 터전과 공간에 대한 이야기를 담은 책
오랑우탄과 팜유 농장 보고서 (김황 글, 끌레몽 그림)	숲과 오랑우탄 그리고 인간이 모두 행복할 수 있는 방법을 모색하는 책
꼬불꼬불나라의 동물권리이야기 (서해경 글)	개 공장과 그 주변 사람들의 이야기를 담은 책

부록 1 : 가면 만들기

가면 만드는 법

1. 오랑이를 오린다.
2. 빨간색 동그라미 부분에 구멍을 뚫는다.
3. 구멍에 고무줄을 묶으면 가면 완성!

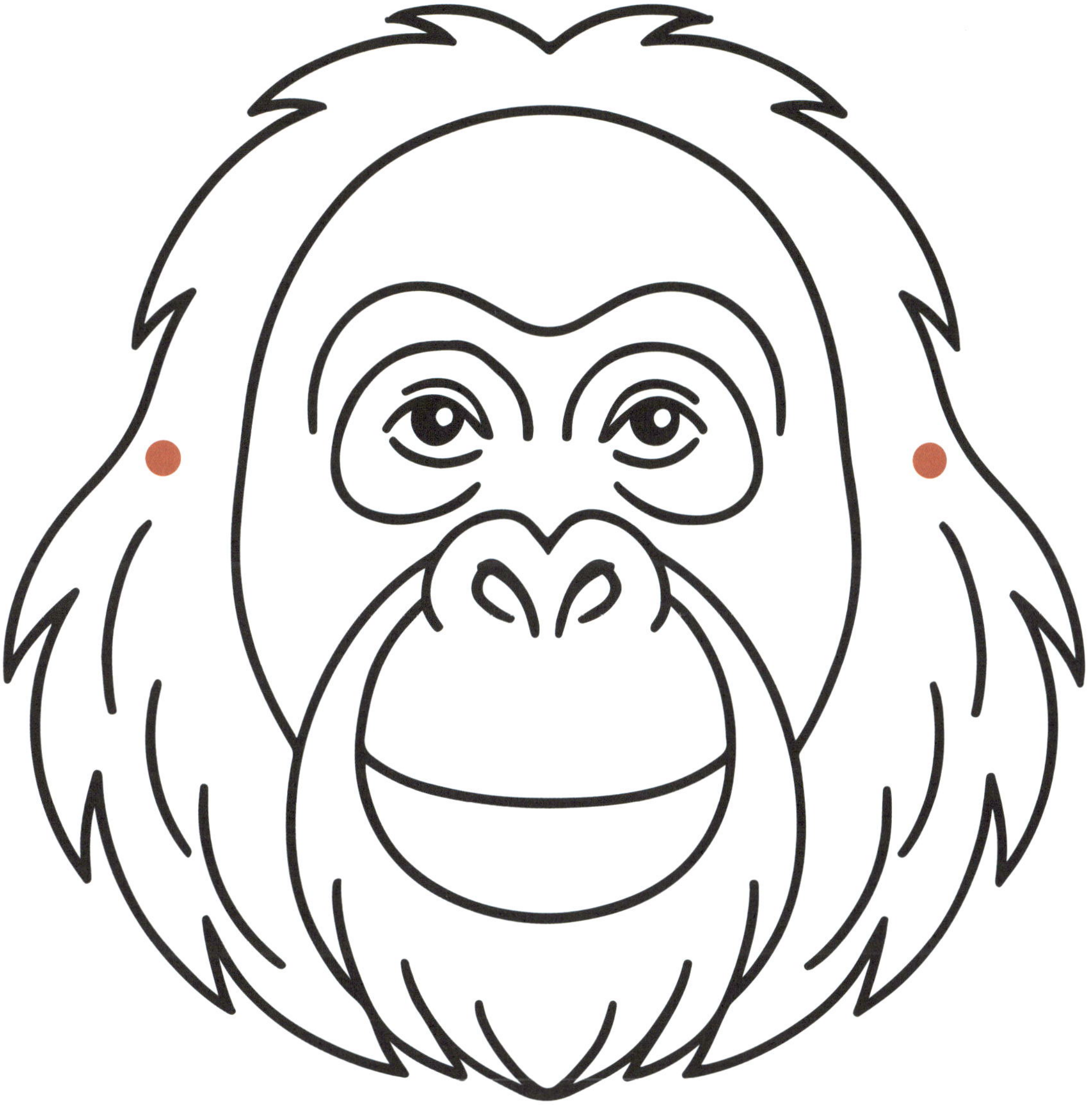